This Book Belongs to:

____

Our True North Strong and Free

www.ingramcontent.com/pod-product-compliance
Lightning Source LLC
Chambersburg PA
CBHW052115020426
42335CB00021B/2775
* 9 7 8 1 9 9 7 5 1 0 0 8 6 *